AF131336

Stine Pilgaard wurde 1984 geboren. Mit »Meter pro Sekunde« erschien erstmals eines ihrer Bücher auf Deutsch und wurde sogleich zum Spiegel-Bestseller. Ihr Debütroman »Meine Mutter sagt« ist 2022 bei Kanon veröffentlicht worden, »Lieder aller Lebenslagen« 2023. Stine Pilgaard lebt in Kopenhagen.

Hannes Langendörfer, geboren 1975 in Heidelberg, studierte in Freiburg und Uppsala Skandinavistik und Germanistik. Er lebt als Übersetzer aus dem Dänischen, Schwedischen und Englischen in Berlin.

Hinrich Schmidt-Henkel wurde 1959 geboren, übersetzt u.a. Werke von Jon Fosse, Tomas Espedal, Édouard Louis und Tarjei Vesaas. Für seine Arbeit wurde er vielfach ausgezeichnet, zuletzt war er nominiert für den Preis der Leipziger Buchmesse.

Juliane Pieper nutzt ihre linke Hand als freiberufliche Illustratorin, Autorin und Grafikerin. Sie hat an der Kunsthochschule Berlin Weißensee sowie in New York am Fashion Institute of Technology studiert und arbeitet für verschiedene Zeitschriften, Zeitungen und Verlage.

Die erste Sonne bricht durch, und der Flieder blüht. Ein Leben ohne Feste ist wie ein langer Weg ohne Wirtshaus. Mach Kaffee, wenn unerwartete Gäste kommen. Pepp deinen Alltag auf, aber Finger weg von anderer Leuten Gewürzen. Schwing an den Kronenleuchtern. Jesus liebt alle seine Schafe, auch die schwarzen. Denk dran, die Beatles behüten die Welt, wenn sie schläft. – Stine Pilgaards dänische Weisheiten sind zeitlos, heilsam und höchst amüsant.

STINE PILGAARD

Lösungen für alle Lebenslagen

Aus dem Dänischen von
Hannes Langendörfer und
Hinrich Schmidt-Henkel

Mit Illustrationen
von Juliane Pieper

kanon verlag

Wassermann

21. Januar – 19. Februar

Ein Schlüssel dreht sich im Schloss, und es öffnen sich neue Türen. Du begegnest wichtigen Personen mit Blick für die Zukunft. Die einen trinken Kaffee und stellen die richtigen Fragen, andere wissen einfach, was kommt. Ein Leben ohne Feste ist wie ein langer Weg ohne Wirtshaus, und warum die Fahne einholen, wenn ein Geburtstag den anderen jagt.

Lieber Kummerkasten,

ich bin in der Sechsten, und meine Klassenkameradinnen behandeln mich so schlecht. Sie fragen mich nie, ob ich mitspielen will, und wenn doch mal, habe ich Angst, dass sie mich nur auf den Arm nehmen wollen. Ich bin nicht gut im Ballspielen, es macht mir auch keinen Spaß. Die anderen schließen mich aus und grinsen im Unterricht über mich. Mein Vater sagt, das sind keine richtigen Freundinnen. Ich will lieber schlechte Freundinnen haben als gar keine, aber Leute, die selber keine Kinder mehr sind, können das wohl nicht so gut verstehen.

Lieben Gruß, eine Einsame

Liebe Einsame,

wohl oder übel muss ich deinem Vater Recht geben, so ungern ich das auch tue. Lieber verzichten als sich mit Halbheiten begnügen, sagt meine Mutter immer. Natürlich gilt das nicht für alle Lebenslagen. Wenn dein Lieblingsmüsli ausverkauft ist, nimmst du eben das mit getrockneten Cranberrys. Gibt es am Kiosk keine Prince 100 mehr, findest du dich mit gelben Camels ab. Wir alle kennen die Irritation angesichts des Zweitbesten, aber wenn es

um Freunde geht, sollte man keine Kompromisse machen. Mach es dir eben gemütlich und lies ein paar Bücher, so habe ich meine Kindheit verbracht. Zu Geburtstagseinladungen nahm ich immer ein Buch mit, verkroch mich unter einem Tisch und aß meinen Kuchen dort. Eigentlich fand ich das sogar gemütlich, aber auf einmal sollte ich mit einer Psychologin reden und Bilder von meinen Eltern malen. Ich schaute meine Mutter an, sie zwinkerte mir zu, ich malte eine fröhliche Sonne über meine Bleistiftmännchen. Sie liest einfach gern, mehr ist es nicht, sagte meine Mutter. Die Psychologin nahm ihre Brille ab und nickte. Liebe Einsame. Nicht alle haben ein Talent dazu, Kind zu sein, aber dessen muss man sich nicht schämen. Wenn man nicht über diese typische spontane Sorglosigkeit verfügt, kann die Kindheit sich etwas lang anfühlen, das gebe ich als Allererste zu. Die gute Nachricht: Das Erwachsenenleben dauert viel länger als die Kindheit. Da gibt es viele neue Möglichkeiten, sich aus der Einsamkeit zu befreien, man kann es mit Sex versuchen oder mit Alkohol, ganz allgemein wird es einfacher, mit anderen zu kommunizieren, die meisten werden mit dem Älterwerden ja doch ein bisschen zivilisierter.

Herzlichen Gruß, der Kummerkasten

Lieber Kummerkasten,

ich bin fünfzehn und kann nachts nicht schlafen. Das Mädchen, in das ich verliebt bin, geht jetzt mit einem aus meiner Klasse, das macht mich ganz fertig. Ich bin die Sorte Mensch, der sehr tief über alles nachdenkt, und ich bin zu der Erkenntnis gelangt, dass das Leben sinnlos ist. Nachts liege ich wach, habe schwarze Gedanken und grause mich vor der Zukunft. Ich habe schon überlegt, ob ich vielleicht Depressionen habe, aber ich traue mich nicht, mit dem Arzt zu reden, ich habe Angst, er lässt mich einweisen.

Viele Grüße, ein Schlafloser

Lieber Schlafloser,

du bist fünfzehn, du kannst noch gar keine bestimmte Sorte Mensch sein. Die Stirnlappen wachsen erst mit Mitte zwanzig zusammen, bis dahin ist man ein bisschen unzurechnungsfähig, das ist ganz natürlich. Du hast nicht die geringste Ahnung davon, was es bedeutet, nicht genug Schlaf zu kriegen, solange du nicht ein Kind bekommst, wovon ich aus diesem Grund dringend abraten würde. Ja, es ist Mist, dass das Mädchen, in das du verliebt bist, sich nicht für dich interessiert, aber in ein paar Jahren weißt du nicht mal mehr ihren Namen. Das ist zwar irgendwie noch trauriger, aber das verstehst du jetzt noch nicht. Wenn man die Dinge noch nicht überschauen kann, ist es wichtig, keine Gedanken an die Zukunft zu verschwenden. Kümmere dich nicht ums große Ganze, geh einen Schritt nach dem anderen. Du hast vielleicht keine Ahnung, wann dein Liebeskummer überwunden sein wird, aber wenn du Lust auf eine Tasse Kakao hast, weißt du das ganz genau. Mach dir die Dinge so einfach und erreichbar wie möglich, denk nicht, dass du ein gutes Leben haben willst, ein paar gute Tage reichen schon. Dass ich so viele Fahrstunden brauche, liegt auch daran, dass ich meine, ich müsste schon im Voraus sämtliche Fallstricke des Verkehrs erkennen. Mein Fahrlehrer hat mir etwas Simples, aber Brauchbares gesagt. Der Körper folgt dem Blick. Wenn ein Baum am Straßenrand steht, solltest du den Kopf lieber nicht danach umdrehen, denn dann fährst du direkt drauf zu. Es ist ein verbreiteter Irrtum, dass man dem, wovor man Angst hat, in die Augen schauen soll. In Wirklichkeit sollte man woanders hinschauen, sonst wird man die Angst nie los. Du kannst ohne Sorge zum Arzt gehen, eingesperrt wird nur, wer an blindem Optimismus krankt. Angst gehört zum Leben jedes intelligenten Menschen. Unsere Generation weiß,

dass Flugzeuge in Gebäude stürzen und Menschen aus dem Fenster springen können. Wir verstehen, dass Körperzellen sich wild teilen, Menschen Bomben unter der Jacke haben und auf der Autobahn Geisterfahrer auftauchen können. Alles geht einmal vorbei, das solltest du als Erleichterung empfinden. Lieber, guter Schlafloser. Das Leben ist kein Ereignis, sondern eine flüchtige, gleichmütige Bewegung durch einen dunklen Raum. Dennoch kann es hier und da vorkommen, an einzelnen Orten, dass man etwas Schönem begegnet. Einem schönen Gedicht, einem besonderen Bild, einer Aussicht, die uns sprachlos macht. Deine Aufgabe besteht darin, deine Lebenszeit bestmöglich zu verbringen, während du auf den Tod wartest.

Herzlichen Gruß, der Kummerkasten

Fische

20. Februar – 20. März

Deine Wohnsituation ändert sich, und neue Projekte blühen. Wappne dich für neue Herausforderungen und denk dran, mit Fallrohren ist nicht zu spaßen. Singende Rhapsoden betreten die Bühne, und jemand muss dringend sagen, was Sache ist. Wir haben nur die Musik, die wir selber machen, drum schlag einen anderen Takt an und roll den Papyrus aus. Das ist nicht zu viel verlangt.

Lieber Kummerkasten,

ich bin achtzehneinhalb Jahre alt und denke viel nach. Einer meiner Lehrer ist unglaublich attraktiv, groß, dunkel, er hat früher als Model gearbeitet. Ich bin so in ihn verliebt, und ich glaube, er könnte dasselbe für mich empfinden. Letzte Woche Freitag waren wir in der Kneipe, da haben wir uns am Tresen vor der Zapfanlage lange zugelächelt, und er war im Dienst, also weiß ich, er war nicht betrunken. Wir hörten gerade A Whiter Shade of Pale, ich hab fast keine Luft mehr gekriegt. Ich hatte so Lust, mit ihm zu tanzen, aber es kam mir unpassend vor zu fragen. Am nächsten Tag habe ich den Song auf Facebook verlinkt, und das erste Like kam von ihm! In einem halben Jahr bin ich Studentin, soll ich so lange warten, bis ich ihm meine Liebe erkläre? Glaubst du, er liebt mich auch?

Herzlichen Gruß, Vanilla

Liebe Vanilla,

missversteh mich recht, ich kann die Anziehung begreifen. Das schöne, großartige Verbotene. Abgesehen davon, finde ich deine Zuschrift ziemlich weltfremd. Es mag sein, dass das eine menschliche Schwäche ist, aber ich habe null Toleranz für Traumtänzer. Dass die einen halben Meter über dem Erdboden schweben und sich alles Mögliche ausmalen, das provoziert mich. Ich mag meinen Nachbarn Sebastian an sich sehr gern, auch, weil er so empfänglich für Inspirationen ist. Gestern hat er zwei Stunden bei mir im Wohnzimmer gesessen und mit strahlenden Augen über nachhaltige Lebensführung geredet. Ganz verträumt hat er ausgesehen. Jetzt will er sich Hühner anschaffen. Okay, habe ich gesagt, warum nicht. Außerdem will er seine Arbeit kündigen, er braucht ein Reset, so hat er das gesagt. Mir war schon klar, er hatte irgendeinen Artikel gelesen, von dem er besser die Finger gelassen hätte, sicher hat er den ausgeschnitten und schon mit einem Magneten an die Kühlschranktür gehängt, und der hat etwas in ihm ausgelöst, etwas Gefährliches, Unkritisches. Sebastian will aus dem Hamsterrad raus und oben an der Straße Eier verkaufen, er will einen Kräutergarten anlegen und Obstbäume pflanzen. Petersilie, Salbei, lächelte er, und ich musste tief durchatmen. Du hast zwei Kinder, sagte ich, die brauchen alles Mögliche. Besitz ist nicht alles auf der Welt, sagte Sebastian, tief in dem Irrtum befangen, er wäre hier derjenige, von dem man etwas lernen könnte. Die brauchen was zu essen, sagte ich, Anziehsachen, Weihnachtsgeschenke. Die brauchen

Eier und Kräuter, faselte Sebastian, morgens nach dem Aufstehen würde er die Hühner füttern, barfuß in Sandalen, ein paar Handvoll Körner in den Garten streuen. Es ist Mitte März, sagte ich, viel zu kalt für nackte Füße. Aber meine Worte drangen nicht in die Ohren meines Nachbarn ein, die waren schon von lauter verwirrten Hühnern besetzt. Liebe Vanilla. Wer Eier verkaufen will, muss als Erstes ein Hühnerhaus bauen. Willst du in die Kräuterbranche, wende dich an eine Gärtnerei. Will man einen Liebsten, dann jedenfalls nicht diejenige Person, die einem die Noten fürs Jahreszeugnis gibt. Man kann sich mitreißen lassen vom Klang eines schönen Songs oder dem fröhlichen Gackern der Hühner, aber vergiss nicht, nur, weil etwas verboten ist, macht es dir noch lange keine besseren Orgasmen. Ich rede aus Erfahrung. Und noch was: Hat man mal den Kindergarten glücklich hinter sich, gibt man sein Alter nicht mehr in halben Jahren an.

Herzlichen Gruß, der Kummerkasten

Lieber Kummerkasten,

ich bin ein Mann Anfang dreißig und habe mit Panikattacken zu kämpfen. Manchmal kommt das aus heiterem Himmel, ohne jeden Grund. Ich habe die Frau meines Lebens noch nicht gefunden und fürchte, irgend-

wann einsam und allein zu sterben. Meine Familie ist eine große Stütze, und ich habe viele gute Freunde. Mir kommt es so vor, als hätten alle ihr Leben gut in der Hand, nur ich nicht. Was glaubst du, warum ist es für mich so schwer?

Herzlichen Gruß, eine Jungfrau

Liebe Jungfrau,

es nutzt nichts, wenn deine Todesangst andere Menschen ums Leben bringt, hat meine Fahrlehrerin gesagt und mich an einen Kollegen weitergegeben. Er ist die Ruhe in Person, hat sie mir versichert, und ich habe zu ihm gesagt, du scheißt dir so was von in die Hosen. Irgendwie wüsste ich gern, was genau sie zu ihm gesagt hat, denn sogar die Art und Weise, wie Parkplatzpeter den Sicherheitsgurt schließt, hat etwas Pädagogisches an sich. Mich behandelt er durchgehend wie ein Zwischending zwischen einem Kleinkind und einer psychisch Gestörten, er wirkt aufrichtig beeindruckt, wenn ich in einen anderen Gang schalte. Wenn ich vorm Abbiegen blinke, sagt er, sehr gut hast du das gemacht. Ich kenne sein Profil besser als sein Gesicht, wir sitzen ja immer nebeneinander und starren gebannt durch die Windschutzscheibe, darauf konzentriert, die Fahrstunde bei lebendigem Leibe zu überstehen. Wenn er mir den Kopf zuwendet, überrascht es mich immer, dass sein Gesicht symmetrisch ist. Er hat tatsächlich zwei Augen, und sein Lächeln geht auf der anderen Seite weiter. Ich habe immer noch eine Riesenangst vor Baustellen und plötzlich auftauchenden Schulkindern, aber wenn ich neben Parkplatzpeter sitze, fällt irgendwie alles von mir ab, meine Atmung geht anders, regelmäßiger. Mir ist selber bewusst, was für eine schlechte Stimmung ich an Ampelkreuzungen verbreite, und anfangs dachte ich, das muss für Parkplatzpeter unbegreiflich sein, der gewissermaßen in seinem Auto wohnt. Zwischen Højmark und Lem hat er sich mal geräuspert und erzählt, wie er mit seinem Bruder in den USA war. In Arizona machten sie einen Rundflug mit dem Hubschrauber über den Grand Canyon. Plötzlich kam ein Gewitter auf, Donner und Blitz, ganz wild, der Pilot versuchte verzweifelt, einen Notruf abzusetzen. Parkplatzpeter und sein Bruder klammerten sich stumm an ihre Sitze. Als sie endlich wieder am Boden waren, nahm der Pilot den Helm ab, schlug ein Kreuz und reichte ihnen beiden die Hand. Nur um dir zu sagen, ich weiß auch, was Angst ist, sagte Parkplatzpeter. Liebe Jungfrau. Alle fürchten sich vor irgendwas, aber man muss versuchen, sich mit

Leuten zu umgeben, die einem helfen, die Neurosen auf Abstand zu halten. Such dir eine Frau, für die der Straßenverkehr ein großes, wohlgesinntes Wesen ist, mit dem einzigen sehnlichen Wunsch, dass wir alle rechtzeitig ankommen.

Herzlichen Gruß, der Kummerkasten

Widder

21. März – 20. April

Eine Revolution steht ins Haus. Lass die Vergangenheit ruhen, und wenn du in Jelling wohnst, such dir ein Hobby. Pepp deinen Alltag auf, aber Finger weg von anderer Leute Gewürzen. Es regnet Entschuldigungen, doch sei unverzagt, Jesus liebt alle seine Schafe, auch die schwarzen. Wähl deine Schlachten weise, und denk dran, die Beatles behüten die Welt, wenn sie schläft.

Lieber Kummerkasten,

vor Kurzem habe ich Abitur gemacht, bald bin ich Studentin und gehe auf die Universität. Meine Eltern haben beide hohe Posten bei Vestas Windkraftanlagen, meine Interessen gehen aber in eine ganz andere Richtung, ich träume davon, Ideengeschichte zu studieren. Wenn ich ihnen von den Philosophen erzählen will, die ich lese, schauen sie mich müde an und bringen das Gespräch ruckzuck wieder auf Windkraft. Als würden wir auf verschiedenen Planeten leben, ich habe das Gefühl, wir können einander gar nicht mehr erreichen. Wir streiten uns viel über Politik und unsere Werte, ich überlege schon, ob ich den Kontakt zu ihnen völlig abbrechen soll, wenn ich nach Kopenhagen ziehe, oder ich besuche sie nur noch zu Weihnachten. Glaubst du, das wäre eine Lösung?

Mit freundlichen Grüßen vom schwarzen Schaf der Familie

Liebes schwarzes Schaf,

lass uns am besten eines gleich klarstellen. Es ist absolut möglich, Leute zu lieben, die man eigentlich nicht leiden kann, und das bewahrheitet sich vor allem innerhalb der Kernfamilie. Wir werden in eine Erzählung hineingeboren, wir haben nicht darum gebeten, Teil davon zu sein, unser Leben ist eine knallharte Entscheidung, die ohne uns getroffen wurde. Blutsbande sind keine rote Seidenschleife, sondern ein abgenutztes Springseil, eine Nabelschnur, mit der wir an Händen und Füßen gefesselt sind. Familienprobleme gehen nie vorüber, weil wir die Hoffnung nie ganz aufgeben können, immer ist im Herzen irgendwo noch der Wille zum Verzeihen da. Liebt man jemanden mit der blinden Liebe der Instinkte, ist es fast egal, was die tun, von Bedeutung ist nur, wer sie sind. Du liebes, gutes schwarzes Schaf. Ich weiß, das ist kein Trost, aber stell dir die Liebe als einen verwirrten Nachtschwärmer vor. Ein hoffnungsloser Flügeltanz in den Flammen. Das Feuer verbrennt ihn, eine plötzliche Brise löscht die Glut, doch kurz danach tanzt er wieder im Licht, immer wieder dasselbe, und so wird es bleiben, für immer und ewig.

Herzlichen Gruß, der Kummerkasten

Lieber Kummerkasten,

ich bin eine fünfunddreißig Jahre alte Frau und seit Langem unfreiwillig Single. Ich habe alles versucht, aber es ist unmöglich, einen zu finden, der meinen Bedürfnissen entspricht. Ich habe schon überlegt, mich bei der Sendung Married at First Sight *zu bewerben, aber ich weiß nicht, mir ist meine Privatsphäre sehr wichtig, wahrscheinlich würde es mich stressen, ständig mit der Kamera verfolgt zu werden. Auf der anderen Seite wäre es auch übel, nicht teilzunehmen und zusehen zu müssen, wie eine andere meinen potenziellen Lebenspartner abkriegt. Ich weiß, irgendwo da draußen ist mein one and only, aber wie soll ich ihn bloß finden?*

Mit freundlichen Grüßen, eine Suchende

Liebe Wählerische,

die Begriffe, die im Zusammenhang mit der Partnersuche verwendet werden, stammen aus der Sprache des Konsums. Es geht um die Bedürfnisse, Wünsche und Erwartungen des Einzelnen. Das finde ich bizarr, denn wir suchen doch gerade einen Ausweg aus dem ewigen Ich, Ich, Ich. Je besser man weiß, was man sucht, desto schwerer ist es zu finden. Wir sind alle Tiere, es ist unmöglich, sich auszudenken, wer genau zu uns passt, denn die Wirklichkeit ist kein Blumenstrauß, den du nach Wunsch arrangieren und dann ins Fenster stellen kannst. Lass einfach mal los, stell dir vor, du wärst eine offene Tür zum Garten, eine Klappliege, die in der Sonne entfaltet wird, ein gutes Buch, das aufgeschlagen im Gras liegt. Einen Liebsten zu finden, das bedeutet, sich einem anderen Menschen zur Verfügung zu stellen. Frag nicht, was dein Date für dich tun kann, frag, was du für dein Date tun kannst. Die meisten Menschen meinen, sie bräuchten etwas ganz anderes als das, was ihnen verzweifelt fehlt. Die gute Nachricht: Es ist an sich ziemlich einfach. Wenn du lustig bist, musst du nicht nach einem suchen, der auch lustig ist, sondern nach einem, der gern lacht. Kochst du gut, dann pirsche nicht nach einem Koch, sondern nach einem, der gern isst. Liebe Wählerische. Alle Menschen haben in sich einen einsamen, dunklen Raum. Stell dir ein Loch am Meeresgrund vor. Wir versuchen, es mit allem Möglichen zu stopfen, mit egal was. Briefmarkensammlungen, Schrebergärten, Rucksackreisen, Schoßtiere, Alkohol, Literatur. In schwachen Momenten denken wir, dieses Loch hätte Menschenform, es wäre ein kleines Puzzlespiel, in dem nur noch ein Teilchen fehlt. Wir suchen danach, nach dem, was ganz genau hier passt und die

Dunkelheit vertreiben kann. Das ist irgendwie sehr lieb, aber es ist falsch. Die Dunkelheit gehört uns selbst, wir können sie mit niemandem teilen. Dein one and only ist kein anderer, das bist du selbst, und du bist allein.

Herzlichen Gruß, der Kummerkasten

Stier

21. April – 20. Mai

Die erste Sonne bricht durch, und der Flieder blüht. Denk dran, alle tragen Verantwortung, und jeder muss seinen eigenen Olivenkern schlucken. Die Lebensräume der Vögel verschwinden, während die Preise steigen, und die Dichter dichten. Wir sind alle in den Klauen des Kapitalismus gefangen, also mach's wie die Motive, und hüpf aus dem Portrait. Die Tage gibt es, der Zitronenmond leuchtet, und es gibt Leben auf dem Mars.

Lieber Kummerkasten,

jüngst habe ich nach meiner Ausbildung meine erste Stelle als Gymnasiallehrer angetreten. Da ich als Kind früh eingeschult wurde und keine Lücken in meiner Ausbildung habe, bin ich erst fünfundzwanzig, also altersmäßig relativ nah an den Schülern dran. Vor allem abends in der Kneipe kommentieren sie mein Aussehen, was mir ziemlich unangenehm ist. Ich war früher ein Model und style mich gern, aber sollte ich in dieser Situation vielleicht irgendwelche speziellen Verhaltensmaßregeln beachten? Ich bin Klassenlehrer einer Zehnten, und vor allem eine bestimmte Schülerin sucht intensiv meine Nähe, besonders, wenn sie etwas getrunken hat. Sie sieht zwar gut aus und ist begabt, aber das geht ja nicht. Oder?

Mit den besten Grüßen, ein Klassenlehrer

Lieber Klassenlehrer,

es ist wirklich ärgerlich, wenn gutes Aussehen berufliche Nachteile mit sich bringt. Als ich hochschwanger war, hatte ich eine Fahrlehrerin namens Mona. Das Problem mit Mona war ziemlich banal. Sie war einfach zu hübsch für eine Fahrlehrerin, das fand nicht nur ich. Die verschwitzten Teenager-Jungs, mit denen zusammen ich Theorie hatte, konnten sich überhaupt nicht auf Monas Diashow konzentrieren. Sie sprach einen so heftigen jütländischen Dialekt, dass mein Aarhus-Akzent daneben klang wie reinstes Kopenhagenerisch, und das will ganz schön was heißen. Wenn sie die Regeln für die unbedingte Vorfahrt wiederholte, saßen wir sabbernd da und versuchten, ihr mit unserem Wissen über die Straßenverkehrsordnung zu imponieren. Mona hatte beinahe orange Haare, und obwohl ich diese Farbe nicht mal unbedingt mag, wurde ich ganz süchtig danach. Ihre Kleidung war immer darauf abgestimmt, sie leuchtete geradezu, das ist keine Übertreibung. Mona war Pippi Langstrumpf auf ihrem Pferd, orange Dahliensträuße, ihr Lächeln ein Warnblinken in der Nacht. Die Fahrschüler saßen atemlos neben Mona in ihrem BMW, während sie Bonbons lutschte und lustige SMS von ihren Freunden las. Ich hing im neunten Monat fest, meine Fahrprüfung wurde immer wieder verschoben, als wollte sie versuchen, den Geburtstermin einzuholen. Hey, Dolph, du Nilpferd, rief Mona mir zu, wenn ich hinter meinem Bauch her auf die Fahrertür zugewatschelt kam, die sie mir aufhielt, aber wenn du das Kind in meinem Auto kriegst, machst du hinterher schön selber sauber.

Sie nennt mich immer Dolph, nach diesem unverschämten mannsgroßen Stoffnilpferd aus dem Fernsehen. Lieber Klassenlehrer. Das flache Land kann unverhoffte Möglichkeiten suggerieren, und der Horizont wirkt unendlich. Das ist eine Täuschung. Gib auf die Verkehrsregeln acht. Ein BMW ist kein Kreißsaal, und ein Klassenzimmer ist kein Nachtklub. Man flirtet nicht mit seinen Schülerinnen, und man kriegt in anderer Leute Autos keine Kinder.

Herzlichen Gruß, der Kummerkasten

Lieber Kummerkasten,

ich bin eine junge Frau von sechsundzwanzig Jahren, und ich habe ein großes Problem. Meine Freundin hat mich schon mehrmals damit konfrontiert, dass sie sich von mir vernachlässigt fühlt. Nun ist es so, sie beschwert sich immer sehr viel, das belastet unser Zusammensein, ich kann mich in ihrer Gegenwart schlecht entspannen. Aber ich traue mich nicht, das zur Sprache zu bringen, weil sie gerade eine schwierige Zeit durchmacht. Vor drei Wochen habe ich ihren Geburtstag vergessen. Gerade hat sie gefragt, ob wir am Sonntag einen Spaziergang

*am Wasser machen wollen, aber ich habe einfach keinen
Nerv für ihre Anklagen. Bin ich eine schlechte Freundin,
und wie soll ich den Teufelskreis auflösen?*

Viele Grüße, eine Ratlose

Liebe Ratlose,

pass an Seen bloß gut auf. Irgendetwas Eigenes
ist um das Wasser, um die Kreise, die sich auf Ge-
spräche legen, wenn Leute lieber im Freien reden
möchten. Seen verheißen Vertraulichkeit und
Intimität, Seen verheißen die Lösung all deiner
Probleme. Für mich persönlich bringen Seen allerdings Probleme, statt sie zu lösen, denn sie ziehen so Typen wie deine Freundin an. Nun soll es
hier nicht um mich gehen, aber ich kann nachvollziehen, was du durchlebst. Ich hatte mal einen
Freund namens Kasper. Er war recht sensibel und
dachte viel über alles Mögliche nach. Wenn er
sich per Telefon meldete und fragte, ob wir uns
am Schwarzen Teich treffen sollten, wusste ich,
was die Uhr geschlagen hatte. Seine Stimme hatte
bisweilen einen ganz besonderen Klang, leicht
klagende Töne auf einem resoluten Fundament.
Dann konnte ich immer hören, dass er dieses Ge-

spräch in seinem Kopf bereits durchgespielt hatte, mit wohlbedachten Pausen und genauestens vorformulierten Repliken. Es würde sicherlich um etwas gehen, was ich ein bisschen ungeschickt geäußert hatte, oder um eine persönliche Krise, deren Ausmaße ich nicht erkannt hatte. Ich will nicht behaupten, dass ich immer ganz unschuldig gewesen wäre. Wie die meisten postmodernen Menschen bin ich nur dann eine gute Freundin, wenn ich mich langweile oder jemanden brauche. Aber man muss schon sagen, Kasper war immer randvoll von Gefühlen. Er musste mit ihnen ins Freie wie mit einem Wurf unregierbarer Welpen, sie hingen an seiner Kleidung, sie wehten im Gehen hinter ihm her, und sie wüteten, wohin er auch kam. Sie gebärdeten sich wie eine wilde Straßengang aus Jugendlichen, hatten ungeschützten Sex, überfielen Ahnungslose und ließen ihre Opfer hilflos zurück. Manchmal versuchte ich, sie in ihrem Schwung zu bremsen. Entschuldige bitte, sagte ich. Entschuldige, dass ich beim Tod deines Onkels nicht für dich da war, ich hatte nicht gewusst, dass ihr euch so nah seid. Entschuldige bitte, dass ich das Buch belächelt habe, das du mir zum Geburtstag geschenkt hast, ich weiß, ich bin ein elitärer Snob, das war unsensibel von mir, entschuldige bitte. Liebe Ratlose. Schau zu, dass du auf deiner eigenen Bahn bleibst, schau

zu, dass du dich von Seen fernhältst. Die Natur ist nicht neutral, sie hat einen Willen, und die dänischen Seen bestehen aus blauen Montagstränen voll Mascara und aufgelöstem Puder. Sie kokettieren mit ihrer Reinheit, damit, dass sie von der

Welt unberührt wären, aber wir wissen ja genau, die meisten von ihnen sind künstlich angelegt worden. Die Natur bäumt sich noch einmal auf, der Erdball hustet zum letzten Mal, bevor er sich zum Sterben hinlegt. Natürlich kann man sentimental werden, wenn man die Flüchtigkeit des Lebens bedenkt. Man zieht auf den Standstreifen rüber. Man trinkt Rotwein, man hört Andrea Berg, entdeckt, dass man selbst gar nicht so schlecht singt, und fragt sich, ob sie vielleicht noch Backgroundsänger braucht. Du hast mich tausendmal belogen, du hast mich tausendmal verletzt, hab so oft mit dir gelacht und würd es wieder tun, singt man an einem Sommerabend am Lagerfeuer. Jemand spielt Gitarre, man hat Tränen in den Augen, weil man sich so verzeihungsbereit fühlt, und am Tag danach ruft man Kasper an. Er klingt fröhlich und spürt gern ein wenig nach, wie es ihm eigentlich geht. Dann drehen wir zusammen mit den anderen eine Runde. Wir schauen uns die Leute an, die sich begegnen und voneinander verabschieden, die Intrigen anzetteln und den Schaden wieder gutmachen. Wir atmen tief durch, die Schwäne schwimmen, die Sonne scheint, wir wissen, es gibt Wasser genug für alle und Worte, so weit das Auge reicht.

Herzlichen Gruß, der Kummerkasten

Zwilling

21. Mai – 21. Juni

Jemand versucht, deine Grenzen zu überschreiten, also denk negativ und sag rechtzeitig Nein. Wenn du schon untergehst, dann mit Pauken und Trompeten, und stoß ja nie an, ohne mit den Gläsern zu klirren. Hüte dich, Leute einzusperren, nicht alle können sich alleine hyggen. Sieh zu, dass du wegkommst, wenn du dich dem Erlöser nahst, das ist nicht normal.

Lieber Kummerkasten,

ich bin im achten Monat schwanger, und finanziell steht es nicht zum Besten. Mein Mann und ich sind glücklich miteinander, wir haben beide kein Problem damit, uns einzuschränken, bis wir wieder feste Jobs haben. Wir kommen gerade so zurecht, aber jetzt haben wir von verschiedenen Seiten gehört, es könnte vernünftig sein, sich eine Waschmaschine anzuschaffen. Wir wohnen im ersten Stock in einem Wohnblock mit einer sehr guten Waschküche. Trotzdem hören wir immer wieder, es wäre Wahnsinn, ein Kind in die Welt zu setzen, ohne in den eigenen vier Wänden Wäsche waschen zu können. Ein paar von meinen Freundinnen sagen sogar, ohne Waschmaschine kann man kein Kind kriegen. Oder kann man doch?

Mit freundlichen Grüßen, eine Schwangere

Liebe Schwangere,

herzlichen Glückwunsch und alles Gute für euch und euer Kind, und herzlich willkommen im Chor der flüsternden Kleinkindereltern. Ist dir schon mal aufgefallen, dass die Leute die Stimme senken, wenn sie über Säuglinge sprechen. Als ob es um ein intimes Geheimnis ginge, das man da mitteilt, eine Vertraulichkeit für einen ganz exklusiven Kreis. Dieses Flüstern fiel mir zum ersten Mal auf, da war mein Sohn vier Wochen alt, und ich war achtzehn Stunden pro Tag am Stillen. Ich glaube, meine Brüste fallen gleich ab, sagte ich, vielleicht brauchen die mal ein bisschen Pause. Stillhütchen, flüsterten die Stimmen, als würden sie etwas Unanständiges zu meinen zerschlissenen Brüsten sagen. Ideal sind die zwar nicht, sagten sie, aber doch viel besser als das Fläschchen, denn das Fläschchen ist der Teufel, und Stillen ist Gott. Dieselbe todernste Tonlage ein paar Monate später wieder, als das Gespräch auf Breichen kam. Unbedingt Hirse, kein Hafer, flüsterten sie, sonst machst du sein Bäuchlein kaputt. Gestern hatte ich meinen Nachbarn zu Besuch, seine kleine Tochter zerlegte systematisch mein Wohnzimmer. Sie zahnt, flüsterte er, als müsste er befürchten, den kleinen Zahn im Unterkiefer zu erschrecken, wenn er es zu laut sagte. Knäckebrot, leierte ich ungerührt in der zurückgenommenen Tonlage, die ich gelernt hatte, das massiert das Zahnfleisch. Sprießende Milchzähne sollen an allem Möglichen schuld sein. An Weinen, Schreien, schlechtem Schlaf, Fieber, rotem Popo, unberechenbarem Verhalten. Ich persönlich glaube nicht, dass Zähnekriegen so furchtbar

wehtut. Ich glaube, es juckt ein bisschen, es fühlt
sich ungewohnt im Mund an, aber Babys erleben
alles zum ersten Mal, und ich möchte bezweifeln,
dass Zähne so viel schlimmer sind als manch anderes. Eins dürfen wir unter keinen Umständen
vergessen. Niemand außer Babys weiß, wie es sich
anfühlt, ein Baby zu sein. Wir können herumraten,
wir können forschen, aber diejenigen, die es wissen,
verfügen leider über keine Sprache. Jüngst brachte
einer von meinen Freunden einen kreischpinken
Lauflernwagen an, den er auf dem Flohmarkt ge-
schossen hatte. Wir klappten ihn auf, stellten ihn
mitten ins Zimmer und tauften ihn die utsche. Für
meinen Sohn war es Liebe auf den ersten Blick, mit
seligem Glucksen rannte er krachend gegen unsere
Bücherregale. Schon ging das Geflüster los, das ist
schlecht für seinen Rücken, mit dem Ding ruiniert
er sich die Hüften. Ich weiß nicht, was die Leute
denken. Dass wir unseren Sohn frühmorgens in
der Kaiserkutsche anschnallen und ihn dann den
lieben langen Tag allein darin sitzen lassen. Kein
Mittagsschlaf, kein Gemüsebreichen, kein Ausflug
zum Spielplatz. Eine Kollegin von meinem Freund
sagt, die Kaiserkutsche sei vom Anfang der Neun-
ziger, mit geschlossenen Augen meinte sie sich zu
erinnern, die Marke wäre seinerzeit vom Markt ge-
nommen worden. Sie hat die Kaiserkutsche foto-

grafiert und auf Facebook hochgeladen, begleitet von einem langen Text, mein Sohn starrte den Lauflernwagen erschrocken an und stellte sein Glucksen ein. Ich nahm ihn auf den Schoß und fütterte ihn mit kleinen Löffeln Rohkost mit Rosinen. Bloß nicht, die Kollegin meines Mannes zog schnell den Teller weg. Rohes Gemüse kann den Kleinen in die Lungen geraten, flüsterte sie, das geht erst ab drei Jahren. So ging eine Möhre verloren, aber immerhin wurde die Kaiserkutsche dank unserer schlechten Internetverbindung gerettet. Die Kollegin wollte der Sache zu Hause weiter nachgehen und dann eine Nachricht schicken, ob wir das Ding behalten dürfen. Zu jener Zeit war es, dass ich die Experten erfand. Sie tauchten auf wie kleine Helferlein, weil ich die ewigen Diskussionen mit den Leuten satthatte. Ich zitiere Kinderärzte, die es nicht gibt, führe Hausmittel ins Feld, die angeblich seit Generationen weitergegeben wurden. Oder ich behaupte, ich hätte mein Wissen aus einem Babyblog, den eine Mutter von fünf Kindern schreibt, oder aus anderen Artikeln über die kleinkindliche Entwicklung, die ich im Netz gefunden hätte. Neueste psychologische Studien beweisen, flüstere ich, oder ich raune, die Erfahrung deutet darauf hin. Liebe Schwangere. Es gibt so viele Wahrheiten. Findet einfach heraus, was zu euren Bedürfnissen passt.

Man braucht keine Waschmaschine, um ein Kind in die Welt zu setzen, aber eine Kaiserkutsche solltest du dringend anschaffen. Sie muss hässlich sein und pink und dich daran erinnern, dass die Milchzähne eines schönen Tages ausfallen werden. Wie böse Zahnfeen rupfen wir sie aus dem blutigen Zahnfleisch, das kann ihnen dann eine Lehre sein.

Herzlichen Gruß, der Kummerkasten

Lieber Kummerkasten,

ich bin siebenunddreißig Jahre alt und wegen länger andauerndem Alkoholmissbrauch in Behandlung. Ich bin in einer sozial schwierigen Familie groß geworden, habe aber endlich mit den schlechten Gewohnheiten brechen können, die ich von Kind auf erlernt hatte. Meine Frau hat mich immer unterstützt, wofür ich ihr zu- tiefst dankbar bin, aber sie hat kein Verständnis für die Dämonen, mit denen ich ringe. Meine Sponsorin bei den Anonymen Alkoholikern ist eine mittelalte Frau, sie weiß genau, was ich durchmache. Während des Prozesses habe ich Gefühle für sie entwickelt, ihr geht es genauso. Mittlerweile erlebe ich sie als meine Seelengefährtin, nicht mehr meine Frau, die aber immer

zu mir gestanden hat. Ich bin sehr verwirrt und voller
Schuldgefühle.

Herzlichen Gruß von einem, der alte Muster durch-
brechen will

Lieber Musterdurchbrecher,

leider funktionieren Seelenverwandte nur selten
gut als Paar, das sage ich, obwohl ich die Attraktion
sehr gut nachvollziehen kann. Ich persönlich werde
auch eher von Leuten angezogen, die nicht selbst für
sich sorgen können. Ihre Unsicherheit und meine
erkennen einander wieder, daraus entsteht diese
besondere Gemeinschaft, die in dem Wissen liegt,
dass man, wenn es so weit ist, nicht allein mit Pauken
und Trompeten untergeht. Aber, lieber Musterdurchbrecher. Die gesammelte Menge an Dunkelheit zwischen zwei Menschen darf nicht größer werden als
die Liebe, und das setzt der Frage, mit wem man zusammen sein kann, ganz natürliche Grenzen. Wenn
ich mich in die Probleme anderer verliebe und von
ihren Verirrungen geblendet werde, dann heißt es
nichts wie weg. Glaub's mir. Das ist für alle das Beste.

Herzlichen Gruß, der Kummerkasten

Lieber Kummerkasten,

ich bin eine junge Frau und werde in diesem Sommer Mutter. Mein kleiner Sohn ist auf einem Balkon in Griechenland gezeugt worden, mit Blick auf das Meer und die Berge. Erst wollte ich ihn August nennen, wegen des errechneten Geburtstermins, aber jetzt habe ich erfahren, dass ein anderes Wort für Balkon, Altan, vom Standesamt als Name akzeptiert wird. Ich fände das ganz großartig, und es wäre auch eine lustige Geschichte, aber meine Eltern sind total dagegen, sie sagen, ich hätte wohl einen Sonnenstich.

Viele Grüße von einer, die mit Interrail unterwegs war

Lieber Sonnenstich,

jetzt muss ich doch mal ein bisschen von mir erzählen, denn ich weiß, wie schwer es ist, einen Namen zu finden. Bis wir einen Namen für meinen Sohn hatten, war er über eineinhalb Jahre alt, aber wie so manches wirkte diese Frage wichtiger, als sie eigentlich ist. Hinter jedem Führerschein steht ein Superheld, meiner heißt Parkplatzpeter. Er hat eine Katze namens Frodo, und da Parkplatzpeter und seine Familie direkt an der Landstraße wohnen, kommt es nicht so selten vor, dass Frodo überfahren wird. Dann kriegen sie eine neue Katze und nennen sie wieder Frodo, bis die dann an der Reihe ist. Mir gefällt das Unsentimentale an diesem Katzenwechsel, es ist, als ob eigentlich der Name das Haustier wäre, nicht die jeweilige Katze. Lieber Sonnenstich. Dein Kind sollte nicht Altan heißen. Nur weil etwas gesetzlich zugelassen ist, ist es noch lange keine gute Idee. Ich schlage vor, du nennst den Kleinen Peter.

Herzlichen Gruß, der Kummerkasten

Krebs

22. Juni – 22. Juli

Raff dich auf und pack die Sachen an, die du immer vor dir herschiebst. Ein Sankt-Hans-Feuer brennt runter, und der Herrgott löscht die Lebensflamme, während andere ihre eigene entzünden. Wenn du auf Rache sinnst, versuch's mit einem Spottvers, ehe du jemanden totschlägst, denk dran, die Feder ist mächtiger als das Schwert. Nur Ärzte dürfen an Leuten herumschnippeln, und auch als Künstler sollte man nicht Menschen sezieren, die man liebt.

Lieber Kummerkasten,

wir sind ein Paar Anfang dreißig, wir kennen uns seit der Universität. Uns kommt es vor, als würden wir immer weiter von unseren alten Studienfreunden wegrutschen, keine Ahnung, warum. Die meisten von uns haben in den letzten Jahren Kinder bekommen, so auch wir, und obwohl es unsere Freundschaften stärken müsste, dass wir in derselben Lebenssituation sind, ist das ganz und gar nicht der Fall. Alle wollen immer nur zeigen, wie gut es ihnen geht, auch wenn man nur zu deutlich sieht, dass nicht alles Gold ist, was glänzt. Sollen wir unsere Instagram-Profile löschen, glaubst du, das würde unsere Freundschaften auf eine ehrlichere Basis stellen?

Viele Grüße, zwei Freunde

Liebe Freunde,

ich gebe als Allererste zu, dass mein Alter etwas Unschönes in mir hochkommen lässt, aber ich sehe es auch als Generationproblem. Wir sind Opfer des freudlosen Rausches der Dreißiger, wir sind wie ein aufgewühltes Meer, Wellen, die blind der Strömung folgen. Ich hasse diese selbstgerechten Kleinfamilien, die überall wie Unkraut aus dem Boden schießen, diesen automatischen Jubel, diesen Triumph, der wie Laserstrahlen aus den Kinderwagen gen Himmel schießt. Das grässliche Holzspielzeug, den selbst gemachten Brokkolibrei, die Lieder, die wir singen. Ich hasse den verzweifelten Ernst in unseren Versuchen, alles richtig zu machen, was wir zum ersten Mal in unserem Leben tun. Gespielt haben wir das alles seit dem Kindergarten, und jetzt wiederholen wir es, mit der trotzigen Unschuld des Kindes und der erwachsenen Angst vor dem Scheitern. Wir beäugen einander, vergleichen uns unablässig, checken Arbeitsverhältnisse, Staatsfinanzen und das allgemeine Glücksniveau der Bevölkerung. Mit ungefähr sieben Monaten hatte mein Sohn eine Phase, in der er mich nicht aus den Augen lassen wollte, aus heiterem Himmel. Kennt ihr das, fragten mein Freund und ich ein befreundetes Paar. Nein, kannten sie nicht, sie hatten immer großen Wert darauf gelegt, dass das Kind mit beiden Elternteilen gleich eng verbunden war. Von Anfang an hatten sie ein großes Tamtam darum gemacht, dass die Mutter nicht die wichtigste Bezugsperson sein sollte, vielleicht lag es daran. Wie soll das gehen, dachte ich, wenn die Kinder achtzig Prozent ihrer Kindheit in Tagesstätten verbringen. Wir haben Glück, unsere

Arbeit ist flexibel, sagte mein Freund, und wir brüsteten uns damit, wie früh unser Sohn zur Kita abgeholt wurde. Lange Vormittage, sagte ich, sind uns enorm wichtig. Ich weiß nicht mal, ob ich das wirklich denke, ich hatte immer große Probleme damit, mich zum Rausgehen aufzuraffen, ich weiß nur, dass ich glücklich sein wollte, und zwar glücklicher als die anderen. Die Tochter unserer Freunde schniefte ein bisschen. Sie hatte einen sehr schwierigen Start in der Kinderkrippe, sie war fast einen Monat lang unablässig krank, eine Infektion jagte die andere in beeindruckendem Tempo durch ihren kleinen Körper. Ist das nicht irre, sagte mein Freund, unser Sohn ist nie krank. Toi, toi, toi, sagte ich, und wir lächelten einander an. Keine Ahnung warum, aber wir sind aberwitzig stolz auf die Gesundheit unseres Sohnes. Stundenlang können wir darüber reden, wenn uns niemand unterbricht. Wahrscheinlich, weil wir uns nicht so hysterisch mit Dreck anstellen, sagen wir, nicht immer im Chor, aber zumindest nacheinander. Worauf die Anekdoten folgen, wie unser Sohn im Garten sitzt und Sand und Blätter frisst, und dass wir Bakterien ganz natürlich finden, und wie goldrichtig das sei, könne man ja sehen. Niemals krank, immer rote Wangen. Er ist ja auch ein zertifiziertes Naturkind, lachen wir beide schrill. Das Zusammensein mit unseren Freunden ist demütigend. Wir sind einander die besten Feinde geworden, ein Spiegel, in dem ich meine Frisur checke, sie sitzt immer ganz fürchterlich. Wenn unsere Lebensentscheidungen nicht vollkommen identisch sind, fühlen wir uns wie Angeklagte, am Essenstisch sitzt immer auch ein Gespenst aus Arroganz und Verunsicherung. Früher mal waren meine Freunde ein Raum, in den ich hineingehen und aus Herzenslust schreien konnte, jetzt imitieren wir Vertrautheit wie hirntote Papageien. Am Wochenende war ich bei meinem alten Deutschlehrer zum Abendessen eingeladen, es war sein fünfundvierzigster Geburtstag, und plötzlich erfüllte mich Hoffnung. Seid ihr nicht geschieden, fragten die Gäste, das solltet ihr bald mal nachholen. Ihre Augen strahlten, sie konnten nachts durchschlafen, sie hatten sich von ihren Träumen getrennt. Ihre Nestbauversuche hatten nicht weitergeführt als bis zu einem Schuppen im Garten, das hatte etwas Erotisches an sich. Liebe Freunde. Die einzigen Leute in den Dreißigern, die sich mit ihren Freunden wohlfühlen, gibt es in Fernsehserien, wir anderen müssen uns irgendwie durchschlagen, bis wir uns in den Vierzigern wiederbegegnen. Wir sehen uns auf der anderen Seite.

Herzlichen Gruß, der Kummerkasten

Lieber Kummerkasten,

ich bin dreiundvierzig Lenze jung, fühle mich als attraktive Frau, sehe mich aber einer großen Herausforderung gegenüber. Seit vielen Jahren suche ich unermüdlich denjenigen, der mein Ein und Alles sein könnte, das ist mein größter Herzenswunsch. Anfangs lässt es sich immer gut an, aber ich habe schon so viel Untreue und Lügen erleben müssen. Wie kann ich solche Männer durchschauen, möglichst gleich beim ersten Date, damit ich nicht wieder verletzt werde?

Mit freundlichen Grüßen, ein Opfer

Liebe Naive,

frag dich nicht, wen du heiraten würdest, frage dich, von wem du dir vorstellen könntest, geschieden zu werden. Ich denke an das ganze Package: zerstörte Träume, Paartherapie, Umzugskartons, Familiengericht, bestenfalls ein schneller Klick auf die Bürgerseite im Netz. Würde er sagen, ja, nimm du ruhig das Sofa, das hat dir immer so gefallen, oder fällt er wütend mit der Kettensäge darüber her. Lässt er die Kinder in zwei Reihen antreten und besteht darauf, als erster zu wählen. Zu was für einer Anekdote wird er dich machen. Wird er eure guten Jahre in Frieden lassen, oder bist du nur noch die blöde Ex, über die sie laut lachen, wenn sie im Doppelbett Rührei mit Speck essen, umgeben von großäugigen Patchworkkindern. Du kannst die Leute nicht danach beurteilen, wie sie dich bei einem Date behandeln, da zeigt sich jeder von der Schokoladenseite. Zugleich gibt es eine ganz einfache Methode, ihn bei der Gelegenheit einzuschätzen. Wie behandelt dein Date andere Menschen. Macht er Scherze auf Kosten des Kellners, ist er arrogant, schlägt er einen anderen Ton an, wenn er bestellt. Vermeidet er Blickkontakt und behandelt den Kellner wie ein Mikrofon, in das er spricht, wie eine Röhre, die in die Küche führt und aus der ansprechend hergerichtete Teller kommen. Spricht er mit dem Taxifahrer wie mit einem Navigationsgerät, dem man die Heimatadresse diktiert. Oder lächelt er kurz, aber freundlich, wenn er sagt, wo er wohnt. Ich rede gar nicht von üppigem Trinkgeld, langen, vertrauensvollen Gesprächen während des Weges durch die Stadt, ganz normale Höflichkeit genügt vollkommen, fünfzig Kronen auf dem Tischtuch, wenn ihr geht. Liebe Naive. Beobachte das Verhalten von deinem Date gegenüber den Angehörigen der Dienstleistungsbranche. Darin liegt der Schlüssel zu seiner wirklichen Natur.

Damit beginnt und endet alles. Mit dem Taxifahrer und dem Kellner. Vergiss die Hochzeit, bedenke die Scheidung.

Herzlichen Gruß, der Kummerkasten

Löwe

23. Juli – 23. August

Besinne dich, wenn es in deiner Nähe zu Konflikten kommt. Lerne aus den Erfahrungen der Vergangenheit, es gibt keinen Grund, die Irrtümer vergangener Jahrhunderte zu wiederholen. Wir sind alle Teil einer größeren Erzählung, also weg mit den Ärmelschonern, und schnapp dir einen Kotelettknochen. Das ist experimenteller und avantgardistischer, als du glaubst.

Lieber Kummerkasten,

ich schreibe, weil ich einen Rat für den Umgang mit meiner Ex-Freundin brauche. Wir haben vier Jahre lang zusammengelebt und dann beschlossen, getrennte Wege zu gehen, da unsere Zukunftsvorstellungen nicht miteinander vereinbar sind, aber wir sind nicht direkt verfeindet. Aus praktischen Gründen sind wir gezwungen, noch ein paar Monate in derselben Wohnung zu bleiben, aber jedes Mal, wenn ich sie sehe, werde ich wütend. Seit unser Entschluss feststeht, ist es, als könnte ich in ihr überhaupt nichts Gutes mehr sehen, dabei weiß ich doch, mit den Augen der Vernunft betrachtet, dass sie ein wunderbarer Mensch ist. Alles, was ich geliebt hatte, ist weg, es ist einer vollkommen unangemessenen, unverhältnismäßigen Verachtung gewichen. Es gibt keine Möglichkeit, der Kommunikation aus dem Wege zu gehen, wir müssen ja noch die Einrichtung aufteilen und unser Dasein auf eine vernünftige Weise auseinanderdividieren. Wir sind beide in den Fünfzigern und haben keine gemeinsamen Kinder. Wie soll ich mit meinen negativen Gefühlen umgehen?

Mit freundlichen Grüßen, ein Verbitterter

Lieber Verbitterter,

ein Zug kann einen anderen verbergen, und ebenso schiebt sich die Wut vor andere Gefühle, meist vor Hunger, Trauer oder Angst. Vielleicht ist man nur so wütend auf seinen Ex, weil etwas verschwunden ist, ähnlich, wie wenn man ein Kind im Supermarkt aus dem Blick verliert und es, nachdem man es wiedergefunden hat, aus reiner Liebe ausschimpft. Ich persönlich kenne eine Wut, die sich für wer weiß wie schlau hält, aber sofort in sich zusammenfällt, sobald ich Menschen, die ich mal geliebt habe, in Fleisch und Blut wiedersehe. Schaue ich einen kleinen Augenblick weg, verwandelt sich die Raserei in ungetrübte Liebe, die ohne Rücksicht auf Verluste weiterlebt und jederzeit wieder aufflammen kann. Lieber Verbitterter. Tief im Labyrinth der Wut gibt es den Garten der Trauer, und wenn notwendig, muss man ihn aufsuchen.

Herzlichen Gruß, der Kummerkasten

Jungfrau

24. August – 23. September

Setz deine Prioritäten mit Sorgfalt, und segel nicht auf deinem eigenen See, segel lieber auf Susses. Mach Kaffee, wenn unerwartete Gäste kommen, und rede während der Fahrt mit dem Busfahrer. Schwing an den Kronleuchtern, und glaub dran, dass die Liebe besteht. Wir brauchen Explosionen und Lieder ums Lagerfeuer. Die können uns nicht umbringen.

Lieber Kummerkasten,

ich bin ein Mann in der Lebensmitte, nach einer schwierigen Periode bei der Arbeit bin ich jetzt wegen Stress krankgeschrieben. Seitdem sitze ich den ganzen Tag da und schaue dem Gras im Garten beim Wachsen zu. Obwohl es jeden Morgen ein kleines bisschen höher ist, bringe ich nicht die Energie auf, es zu mähen. Meine jetzige Freundin kenne ich seit acht Monaten. Sie ist sehr fürsorglich und gibt mir so viel Raum, wie ich brauche, aber ich habe große Schuldgefühle. Als wir uns kennenlernten, war ich stark und unternehmungslustig, mittlerweile fühlt sich ein Gang zu Netto an wie eine unmögliche Expedition. Ich glaube nicht, dass sie wegwill, aber vielleicht sollte ich meine Freundin um ihrer selbst willen verlassen, das tun, was Sting empfiehlt: If You Love Somebody, Set Them Free?

Gruß, ein Klotz am Bein

Lieber Klotz am Bein,

wie viele andere stehe auch ich gern an der Reling, wenn ich mal mit dem Boot unterwegs bin. Mir ist aufgefallen, die meisten, die direkt in das schäumende Meer blicken, halten sich an der Reling fest, als ob etwas sie da runterziehen könnte. Ich glaube, auf dem Schiff der Nacht gibt es zwei Arten Leute. Diejenigen, die sich davor fürchten zu fallen, und diejenigen, die sich davor fürchten zu springen. Wenn mich eins paranoid machen könnte, dann das Vertrauen der Leute, ich möchte sie möglichst schnell enttäuschen, ganz einfach, damit es ausgestanden ist. Als mein Freund sich vor zehn Jahren in mich verliebte, fühlte ich Mit- leid, wie einen Stich. Ich schaute in seine strahlenden Augen und dachte: Mein Liebster, das wirst du bereuen. Big time. Seine Liebe ist unvorsichtig und wehrlos, mitten in meinem Wahnsinn schaut er mich an, als wäre ich gar keine Naturkatastrophe, die einen ganzen Kontinent ohne jede Hoffnung zurücklassen wird. Lieber Klotz. Du solltest nicht auf Sting hören, der springt da, wo der Zaun am niedrigsten ist. Die wichtigste Aufgabe in einer Paar- beziehung besteht darin, den eigenen Selbsthass zu zügeln. Das Schöne an der Liebe unserer Liebsten ist, dass sie unsere Sorgen wie kleine Geschenke annehmen. Danke, sagen sie und tragen sie davon, als würden sie zu ihrer eigenen Dunkelheit gehören. Darum kann das Leben so schön sein.

Herzlichen Gruß, der Kummerkasten

Lieber Kummerkasten,

nach elf Jahren Ehe bin ich es allmählich leid, dass mein Mann immer recht haben muss. Eigentlich geht es uns über längere Perioden gut miteinander, aber seine Verbohrtheit kann das Dasein doch zu einer Herausforderung werden lassen. Gestern sind wir aus dem Urlaub heimgekommen, während dem seine schlechten Eigenschaften wieder allzu deutlich zutage getreten sind. Jedes Mal, wenn wir etwas Neues erleben oder etwas Unerwartetes sehen, muss er mir Vorträge halten, statt es einfach zu genießen. Ja, er verfügt über viel Wissen, aber über so viel auch wieder nicht. Soll ich ihm drohen, ich würde ihn verlassen, oder mich mit meinem Schicksal abfinden? Abgesehen von diesem unerfreulichen Charakterzug war er immer ein lieber Mann und guter Vater.

Erschöpfte Grüße von der Frau des Korinthenkackers

Liebe Korinthenkackergattin,

zwar kenne ich deinen Mann nicht, und kein Korinthenkacker ist wie der andere. Dennoch würde ich die Behauptung wagen, dass du mit einem Faktenhuber zusammenlebst, genau wie ich. Dieses uralte Charakterbild lässt sich als Freude an der oder

Begeisterung für die Wahrheit übersetzen. Meinem Freund bereitet es regelrechte Übelkeit, wenn ich zu Verallgemeinerungen oder Vereinfachungen greife, dabei ist das doch nur ein unschuldiger Versuch, mir einen Überblick im Leben zu verschaffen. Dann schaut er mich traurig an und teilt mir mit, das Dasein sei dann doch etwas komplexer. Wir haben darüber gesprochen, dass ich nicht unablässig korrigiert werden mag. Als Partnerin musst du begreifen, dass Faktenhuber nichts dafür können. Sie mögen tatsächlich verbohrt wirken, aber dieses Urteil trifft daneben. Faktenhubern geht es nicht ums Rechthaben, sie haben einfach ein Liebesverhältnis zu Fakten. Genauigkeit ist ihr Lebensziel. Eigentlich dürften sie nur mit Gleichgesinnten die Ehe eingehen oder mit jemandem, der ihr Weltwissen zu würdigen weiß. Das Unglück passiert, wenn sie mit Gefühlshubern zusammenleben, also zum Beispiel mit mir, vielleicht auch mit dir. Ich hege eine große Zuneigung zu Gefühlen und finde, dass man sie ohne Weiteres wie Fakten behandeln kann. Liebe Korinthenkackergattin. Sieh doch auch mal die Komik der Situation, vielleicht hilft das. Mir ist aufgefallen, dass mein Freund immer anfängt, mit den Füßen zu zucken, wenn ich übertreibe oder eine Anekdote ungenau wiedergebe. Wenn mich niemand korrigiert, wird das Zucken allmählich heftiger, erreicht die Knie, ergreift die Oberschenkel. Irgendwann zucken sogar seine Schultern, und sein Kopf bewegt sich unwillkürlich hin und her, so unwiderstehlich ist der Drang. Irgendwann ruft mein Liebster, nein, nein, so war das nicht. Und sofort entspannt sich seine gesamte Muskulatur, sein Körper beruhigt sich und erschlafft wie nach einem besonders intensiven Orgasmus. Wenn ich mich über ihn geärgert habe, mache ich mir einen Spaß daraus, meinen Freund zum Wahnsinn zu treiben. Es ist eine Überlebensstrategie, und es ist mein gutes Recht. Ich singe ein Lied, das er kennt, ersetze dabei ein kleines Wörtchen durch ein anderes, das fast passt, aber ein bisschen daneben ist. Alle meine Gänschen, singe ich, mein Sohn klatscht mit, mein Liebster blickt betrübt aus dem Fenster, und mir fällt auf, dass er später am Tag eine Sammlung Kinderlieder aus dem Netz downloadet. Schwer zu sagen, ob das ein stummer Tadel sein soll oder ob er einfach nur das Wort Entchen hören muss, damit er heute Nacht einschlafen kann. Kurz bevor er ins Reich der Träume entschwindet, murmele ich wie im Halbschlaf, das Buch von Robert Bolaño, das ich gerade lese, ist wirklich gut. Mein Liebster steht auf, hellwach jetzt, und schleicht auf die Toilette. Roberto, flüstert er seinem Spiegelbild zu, RobertO.

Herzlichen Gruß, der Kummerkasten

Waage

24. September – 23. Oktober

Du stehst vor einer schweren Entscheidung, jetzt gilt es, konsequent zu sein. Eine wichtige Person wird dir zwei Fragen stellen, und in beiden Fällen lautet die Antwort Ja. Lass den Flieger stehen und nimm lieber das Fahrrad. Das Leben ist zu kurz für schlechte Duschabzieher, drum investiere in die Zukunft, sie steht dir, und jetzt bist mal du an der Reihe. Sag den anderen, was sie verpassen. Das soll ihnen eine Lehre sein.

Lieber Kummerkasten,

ich schreibe dir wegen eines Dilemmas, aus dem du mir hoffentlich heraushelfen kannst. Ich bin seit sechzehn Jahren glücklich verheiratet, aber in letzter Zeit fantasiere ich über eine Nachbarin. Nach einer Begegnung bei gemeinsamen Bekannten haben wir uns auf Facebook befreundet und schreiben uns dort seitdem. Von Untreue war nie direkt die Rede, trotzdem herrscht zwischen uns eine Glut, die sich nicht löschen lässt. Ich bin zutiefst dankbar für meine Frau und vor allem für meine Kinder, aber ich bin blind vor Verliebtheit. Geht das irgendwann vorbei, oder muss ich mich scheiden lassen?

Viele Grüße, ein Verzweifelter

Lieber Verzweifelter,

so ein Schlamassel. Ich habe eine gute Freundin, Maria. Vor vielen Jahren machten sie und ihr Freund zusammen Ferien mit dem Rad. Es war ein glücklicher Sommer. Dann wollte sie Eis in der Waffel kaufen, eins für sich selbst und eins für Rasmus. Da stand sie vor dem Eiswagen und betrachtete die verschiedenen Sorten. Schoko, Vanille, Minze,

Banane, sie war hin und her gerissen zwischen Schokostreuseln und bunten Streuseln. Sie sah den Eismann an. Und erstarrte. Da war etwas in seinen Augen, etwas in seinem Blick, und sie fingen an, miteinander zu reden. Vergessen waren Schokolade, Vanille, Minze und Banane, sie redeten einfach weiter, die Schlange wurde immer länger, der letzte Mann hinten am Strand bekam schon nasse Füße. Danach wusste Maria überhaupt nicht mehr, worüber sie geredet hatten, es war, als hätten ihre Gesichter ohne jede Sprache miteinander gesprochen, sie konnte sich nur an Geräusche und Lachen erinnern. Sie wanderte an der Ostsee entlang zum Campingplatz zurück, zutiefst verwirrt, zwei Eiswaffeln in den ausgestreckten Händen. Als sie bei Rasmus ankam, lief das Eis schon, er lächelte, na, das hat ja gedauert. Maria nickte, sie wollte nur noch weinen. Sie war bereit, sofort zum Eismann zurückzulaufen und mit ihrem Leben Tabula rasa zu machen. Eiströpfchen liefen Rasmus übers Kinn, Maria setzte sich auf eine Bank und aß ihr Eis in großen Bissen. Danach schickten sie Postkarten an ihre gemeinsamen Freunde und machten lachend Selfies. Ein paar Tage später fuhren sie nach Hause. Das ist jetzt elf Jahre her, Rasmus und Maria sind glücklich verheiratet und erwarten Zwillinge. Trotzdem taucht der Eismann immer wieder in Marias Gedanken auf. Nun soll es ja hier nicht um mich gehen und schon gar nicht um Maria, aber ich möchte dir gern begreiflich machen, jeder hat so einen Eismann. Unerwartet kann er auftauchen, in den verschiedensten Erscheinungsformen. Plötzlich steht er da, verkleidet als melancholischer Arzt, der dir in den Hals schaut, oder als Sommervertretung beim Gemüsehändler. Was darf 's sein, fragt er dich

lächelnd, und du willst nur eine einzige Antwort geben: Alles. Lass mich deine schöne Seele sehen, schenk mir deine Dunkelheit. Du bist auf einer Insel gefangen, ringsum nichts als Wasser, du weißt, es handelt sich um eine Fata Morgana, um einen LSD-Trip, um einen unglaublich langen Joint. Trotzdem hast du das Gefühl, dir gleitet der Sommer durch die Finger, ein besonderes, magisches Eis, das niemals schmelzen sollte. Lieber Verzweifelter. Wir alle haben schon mal auf dem Heimweg nachts im Wind eine Telefonnummer verloren, wir alle haben schmerzhaft wie eine Ohrfeige das schlechte Timing verspürt. Manche von uns werden von Eismännern verfolgt, wir verstecken uns dann und warten, bis sie vorbeigezogen sind. Manchmal taucht die Liebe aus dem Nichts auf, das kann zwar unpraktisch sein, aber gefährlich ist es nicht. Im Gegensatz zum allgemein verbreiteten Glauben entstehen Situationen wie jetzt deine nicht durch Überdruss, sondern viel eher durch eine jubelnde Freude. Es ist Sommer, die Tage sind lang, die Nächte hell. Wir brauchen unsere Verliebtheit, und allermeist, wenn das Begehren mich wie ein Wolkenbruch trifft, wie ein geiler Wahnsinn, und ich egal wen lieben könnte, dann ist das ein verwirrter Ausdruck der Freude darüber, dass es die Welt gibt.

Herzlichen Gruß, der Kummerkasten

Lieber Kummerkasten,

*ich freue mich über meinen neuen Job in einem mittel-
großen IT- Unternehmen und fühle mich auch kom-
petent für meine Aufgaben. Trotzdem bin ich unsicher,
ob ich den Erwartungen entsprechen kann. Das Unternehmen hat ein neues Betriebssystem eingeführt, mit
dem ich nicht recht vertraut bin, aber ich mag meine
Kollegen nicht um Rat fragen. Meine älteste Tochter
nennt mich ein störrisches Kamel, aber ich will ja nicht,
dass man in der Firma bereut, mich eingestellt zu haben.
Meine Frau meint, ich solle ruhig fragen, wenn mir etwas
neu ist, aber ich arbeite lieber abends Handbücher durch,
als dass ich das Gesicht verliere. Was meinst du, was ist
die richtige Lösung?*

Freundliche Grüße, ein störrisches Kamel

Liebes störrisches Kamel,

ich würde deiner Frau darin recht geben, dass es
eine gute Idee wäre, dich bezüglich dieses neuen
Betriebssystems bei deinen Kollegen zu erkundigen.
Die meisten Leute helfen gern, und das ist besonders
befriedigend, wenn es zu etwas führt. Es geht hier
zwar nicht um mich, aber ich kann die Säuglings-

pflegerin meines Sohnes ziemlich gut leiden, sie ist ein Mensch, der einem viel Anerkennung vermittelt. Als sie uns am Tag nach der Geburt zum ersten Mal besuchte, sagte sie freundlich, ein Kind zu kriegen, ist eine existenzielle Krise. Wenn ihr bei irgendetwas unsicher seid, ruft mich einfach an. Auf dieses Angebot bin ich mehrmals zurückgekommen, und egal, was ich fragte, jedes Mal räusperte sie sich kurz und sagte, alle Kinder sind eben verschieden. An- fangs wartete ich dann ein wenig, weil ich das für eine Art Intro hielt, auf die die eigentliche Antwort folgen würde, doch dann stellte ich fest, die Bemerkung war sowohl die Einleitung, die Erklärung und die Abmoderation. Die Säuglingspflegerin versucht uns klarzumachen, dass wir als Eltern unseren Sohn am besten kennen und schon wissen werden, was er braucht. Das sehe ich restlos anders, und ich frage mich dann doch, wo die hundertpro selbstsicheren Autoritäten bleiben, wenn man sie mal braucht. Ich hätte gern Befehle und Gebrauchsanweisungen anstelle eines Säuglings, der mich abwartend anblickt. Unter den Armen und in den Kniekehlen meines Sohnes zeigten sich irgendwann große rote Flecken. Mein Freund und ich standen davor, starrten, dachten nach und rätselten, währenddessen verbreiteten sie sich weiter über seinen ganzen kleinen Körper. Wäre es vielleicht denkbar, sagte die

Säuglingspflegerin unendlich vorsichtig, als sie unseren Sohn in Augenschein nahm, dass ihr ihn vielleicht nicht immer so ganz gründlich wascht. Wir schauten einander bestürzt an. Er war fünf Wochen alt. Wir hatten Schaubilder von Babykot in verschiedenen Phasen minutiös studiert. Wir hatten uns extrem genau über Windeln informiert, hatten ihn gewickelt und gepudert und gecremt, mit einer solchen Hin- gabe, dass wir schlicht und einfach vergessen hatten, ihn zu waschen. Jetzt war er dabei zu vergammeln. Kein Kind ist wie das andere, sagte die Säuglingspflegerin, aber man könnte ihn ja versuchsweise mal baden. Liebes störrisches Kamel. Pack das Problem an. Vergiss nicht, es gibt viele verschiedene Betriebssysteme, und die Welt ist voller freundlicher Menschen, die bereit sind, uns bei den Herausforderungen des Daseins zur Seite zu stehen. Wenn man die Hand ausstreckt, findet man sicher jemanden, der einem High Five gibt.

Herzlichen Gruß, der Kummerkasten

Skorpion

24. Oktober – 22. November

Eine Epoche neigt sich dem Ende zu. Die große Frage des Lebens meldet sich, und falls du's nicht weißt, finde raus, wo die Teller stehen. Sag's mit Safran, sag's mit Pizza, aber um Gottes willen, sag was. Denk dran, ohne Pferd kann man kein Lonely Cowboy sein, und dann ist man auch schon nicht mehr lonely.

Lieber Kummerkasten,

ich bin jemand, der viel an andere denkt, ganz anders als mein Mann, der ist einer von denen, die vor allem an sich selber denken. Wir streiten uns recht viel über unsere Werte und vor allem darüber, wie wir unsere Kinder aufziehen sollen. Wie kann ich ihn ändern?

Viele Grüße, eine Nachdenkliche

Liebe Märtyrerin,

bestimmte Typen erzählen immer, was für ein Typ sie sind. Sie sind nie der Typ, für den sie sich selbst halten. Wenn Leute sich selbst definieren, geben sie dadurch nur ihre größten Wünsche oder ihre tiefsten Ängste preis. Institutionen, die sich selbst untersuchen, sollte man nie vertrauen. Polizisten, die von ihren eigenen Kollegen vernommen werden, Forscher, die aus ihren eigenen Schriften zitieren. Liebe Märtyrerin. Rede freundlich über deinen Mann, wenn Brücken gebaut werden sollen, ist jeder dafür mitverantwortlich. Dass du dich selbst nicht sehen kannst, bedeutet noch lange nicht, dass du unsichtbar bist.

Herzlichen Gruß, der Kummerkasten

Lieber Kummerkasten,

ich bin ein junger Mann, vor Kurzem haben wir Zwillinge bekommen. Ich freue mich sehr, jetzt eine Familie zu haben, und meine Frau ist in fast allem ganz fantastisch. Trotzdem kommt es mir manchmal so vor, als ob sie auf mich wütend wäre, ohne jeden Grund wütend. Ich versuche, so viel zu helfen wie möglich, und finde, dass ich mich nicht vor meiner Verantwortung drücke. Trotzdem schaut sie mich manchmal so an und fragt: Soll ich sie stillen, oder willst du. Ich habe schon vorgeschlagen, dass wir abstillen und stattdessen Fläschchen geben, damit ich mich mehr beteiligen kann. Dann stöhnt sie, dass von allen Seiten die Muttermilch empfohlen wird, als Vorbeugung gegen Infektionen, Asthma und Allergien. Ich verstehe nicht, was ich falsch mache, verstehst du das?

Mit freundlichen Grüßen, ein Mann

Lieber Mann,

die Frau von meinem Freund Frederik heißt Line. Sie hatte eine sehr komplizierte Geburt, fast drei Tage lang. Line sagte nichts, nur manchmal bewegte sie den Kopf, als wollte sie Fliegen verscheuchen. Mitten in einer Presswehe hörte sie plötzlich, wie Frederik eine Krankenschwester um zwei Ibuprofen bat. Er hatte die ganze Nacht am Computer gesessen und gespielt, und als er gegen drei Uhr morgens ins Bett wollte, war das Wasser abgegangen. Während Line kotzte, hörte sie ihren Mann zur Hebamme sagen, er habe wohl verkehrt gesessen, jetzt habe er einen so verspannten Nacken. Sie stemmte sich in der Geburtswanne hoch, das Wasser floss in Strömen von ihrem gewaltigen Körper herab. Sie kletterte über den Rand, humpelte nackt in den Flur und packte die Hebamme beim Arm, die gerade zum Arzneischrank wollte. Zum ersten Mal machte Line den Mund auf und gab etwas anderes von sich als unartikulierte Tierlaute. Wenn du Frederik auch nur eine Ibu gibst, bring ich dich um, sagte sie so langsam und deutlich wie eine Schauspielerin, die gerade ein Hörbuch einspricht. Die Hebamme kannte sich mit Schwangeren aus, tätschelte ihr die Schulter und wollte den Schrank aufmachen. Line schaute ihr tief in die Augen und legte ihr die Hände um den Hals. Aus der Entfernung mochte das aussehen wie eine Umarmung, aber Frederik stand nah genug, dass er sehen konnte, wie Lines Finger die Gurgel der Hebamme liebkosten. Schon schaute die Frau nach dem Alarmknopf an der Wand gegenüber. Okay, sagte sie und ging mit Line zurück ins Geburtszimmer. Ich habe die Geschichte mit mehreren Freundinnen diskutiert, die Ansichten sind geteilt. Es gibt gute Argumente dafür, dass Frederik seine Ibu hätte kriegen sollen, aber man muss das differenziert sehen. Das Problem ist einfach, dass alles sehr, sehr schwer sein kann. Lieber Mann. Darf ich vorstellen? Die Urwut. Du musst verstehen, hier handelt es sich um einen biologischen Aufstand, der sich gegen die Natur selbst richtet. Man darf das nicht mit gewöhnlicher Verbitterung verwechseln, wir haben es vielmehr mit blinder Raserei zu tun, deren Echo durch die Zeiten hallt. Was du da spürst, ist nicht nur die Wut deiner Frau, sondern auch die Wut ihrer Mutter und die ihrer Großmütter. Sie gilt der kollektiven Angst, vergewaltigt zu werden, sie gilt schwindelerregenden Menstruationsbeschwerden, einsamen Geburten und dem Gefühl, dass niemals jemand Danke sagt. Niemand ist daran schuld, es ist einfach eine Bürde, die wir tragen, und das können wir nicht immer stumm. Hüte dich vor der Urwut. Nimm sie nicht persönlich, aber nimm sie ernst.

Herzlichen Gruß, der Kummerkasten

Schütze

23. November – 21. Dezember

Ein Fest naht mit Riesenschritten. Pass auf die Zeit auf, halt dich an die Spielregeln und denk dran, Weihnachten ist das Fest der Herzen. Gib von deiner Marzipanstange ab, und lass die Finger von Puppen, die dir nicht gehören. Gelegenheitslieder laufen in Dauerschleife, und ein wichtiger Knopf muss gedrückt werden. Die Uhr tickt, das Herz klopft, und die ganze Welt ist von Sinnen.

Lieber Kummerkasten,

ich schreibe dir, weil ich ein Problem mit der Zeit habe, das sagen jedenfalls mehrere Menschen in meiner Umgebung. Ich kann wirklich nicht gut in der Gegenwart leben und bin meiner Zeit in Gedanken oft Wochen voraus. In meinem Job bin ich ständiges Organisieren gewöhnt, ich arbeite als Koordinatorin in einem größeren Unternehmen. Auch zu Hause muss viel organisiert werden, wir haben drei Kinder, Schulbesuch, Freizeitaktivitäten und alles, was so dazugehört. Mein Mann ist ziemlich zerstreut, es kommt öfter vor, dass er Termine doppelt oder dreifach verplant. Das hat dazu geführt, dass seine Familie und unsere Freunde sich an mich wenden, sobald etwas organisiert werden muss. Das muss ich mal mit der Planungshexe besprechen, sagt mein Mann, und das meint er sicher liebevoll, trotzdem erlebe ich es als Kritik. Ich versuche, mithilfe von Meditation und Delfinmusik im Hier und Jetzt zu leben, aber ich muss zugeben, es fällt mir schwer. Bin ich ein Kontrollfreak, und was soll ich tun?

Mit den besten Grüßen, eine Planungshexe

Liebe Planungshexe,

es soll hier nicht um mich gehen, aber ich muss ehrlich zugeben, ich gehöre eher zu denen, die Probleme damit haben, Sachen auf die Reihe zu kriegen. Das liegt nicht an einer eher spontanen Lebenseinstellung, sondern ist eine Mischung aus Faulheit und Wankelmut. Ich persönlich finde, die Gegenwart wird überbewertet. Lebe jeden Tag, als wäre es der letzte, heißt es, aber das ist Unsinn. Hört um Gottes willen damit auf. Die Straßen wären menschenleer, kein Mensch würde mehr Verantwortung für irgendwas übernehmen. Die Leute würden den ganzen Tag mit ihren Liebsten im Bett bleiben und Zigaretten rauchen, ihre Eltern anrufen und denen alles verzeihen. Ich habe die Gegenwart so satt, immer ist man mittendrin, jetzt ist jetzt und jetzt noch mal und verdammt, jetzt schon wieder. Es ist kein Verbrechen, an morgen zu denken. Wenn man seine Familie oder eine Gruppe von Freunden zusammenbekommen will, muss einem klar sein, das passiert nicht von selbst. Es ist ja nicht so, dass man ein Café betritt, und auf einmal sitzen sie alle da und plaudern über früher. Ich habe einen Freund, Mathias. Er liebt es zu organisieren, es macht ihn ganz euphorisch. Mathias ist die wandelnde Initiative und bewegt sich zielstrebig durch das Leben. Er fuchtelt mit den Händen und schreibt lange Mails über Kleinkram. Wenn keine Antwort kommt, schickt er mit lustigen Smileys verzierte Erinnerungsmails, angehängt der Wetterbericht und Vorschläge für vernünftige Kleidung. Ich weiß nicht, warum wir Mathias immer damit aufziehen, wahrscheinlich weil es so leichtfällt. Wie viele andere sind mein Freund und ich bequeme Menschen, alle beide. Wir begeben uns in Situationen, als ob die Welt eigens für uns erfunden worden wäre. In jedem Freundes- kreis gibt es bequeme Leute. Du kannst uns daran erkennen, dass wir bei Mitbringpartys immer mit Chips oder Schnaps auftauchen. Wir sind sehr sen- sibel und antworten im letzten Moment. Für unser Empfinden wird das Leben zum Gefängnis, wenn wir zu viele Verabredungen eingehen. Wir sehen die Zeit als etwas Abstraktes, mit einem eigenen Willen Begabtes an. Uns fällt es schwer, etwas zu verstehen, das eigentlich sonnenklar ist. Ohne Datum kein Weihnachtsessen. Da muss geschmückt werden, ein Fortbewegungsmittel muss organisiert werden. Wir kommen mit einem schiefen Lächeln an, und wegen unseres schlechten Gewissens benehmen wir uns schlecht. Mensch, entspann dich doch mal, sagen wir zu Mathias, oder Hakuna Matata. Aber aufgepasst. Nicht ohne Grund stammt dieses Motto von zwei Zeichentrickfiguren. Unsere Welt ist aber nicht von Walt Disney erschaffen, die Sterne versammeln sich nicht zu einem Löwenhaupt, um uns zu erzählen, wer wir sind, sondern das tut ihr. Liebe Planungshexe, lieber Mathias. Entschuldigt bitte. Wer ein großes Herz hat, wird immer aufgezogen. Bleibt unbeirrbar, blockt meinen Kalender, verplant meine Zeit. Eure Pläne und Träume sind der Maibaum, um den wir anderen herumtanzen. Danach gehen wir nach Hause, wir haben es ja so eilig. Und beim Aufräumen denkt ihr darüber nach, dass es doch Spaß machen würde, im nächsten Sommer Kanus zu mieten und eine Fahrt auf der Gudenå zu machen. Von Herzen Dank.

Herzlichen Gruß, der Kummerkasten

Lieber Kummerkasten,

mein Mann und ich begehen nächstes Jahr unsere kupferne Hochzeit, und wir haben vier schöne Hunde. Wir wohnen in einer hübschen Gegend etwas außerhalb von Vedersø, haben beide feste Arbeit und keinen Grund zum Klagen. Mein Mann beschäftigt sich immer intensiv damit, wie wir unser Leben optimieren könnten. Wenn ich nach einem langen Tag ins Bett gehe, schaut er mich

manchmal an und fragt: Bist du eigentlich glücklich?
Gleich bin ich noch erschöpfter. Mein Mann fürchtet,
wir könnten als Paar stagnieren und aufhören, einan-
der herauszufordern. Ich habe keine Angst davor, aber
ich bin es mit der Zeit ein wenig müde. Vielleicht bin
ich zu wenig anspruchsvoll, aber ich bin dankbar für
unser Leben. Hättest du einen Vorschlag, wie mein Mann
etwas zur Ruhe finden könnte?

Mit freundlichen Grüßen, David

Lieber David,

ich verstehe, dass du es müde bist, aber es ist wichtig, dass du begreifst, welche Mechanismen deinen Mann antreiben. Nicht alle haben ein Talent
zum Wohlfühlen. Meine Schwiegerfamilie gehört
zu einem Clan von Kaufleuten von der Insel Fünen,
sie sind unglaublich auf Kolonialwaren fixiert. Sie
vergleichen die verschiedenen Filialgrößen der
Supermarktkette Brugsen miteinander: Lokal-
Brugsen ist das schwarze Schaf und von Abwicklung
bedroht, die mittelgroßen Filialen werden schon
eher akzeptiert, aber SuperBrugsen geht aus allen
Vergleichen siegreich hervor. Da arbeiten sie alle
miteinander, die Großmutter mütterlicherseits mei-

nes Freundes hat sogar eine Keramikserie mit den Initialen von SuperBrugsen auf dem Kaffeeservice entworfen. Die ganze Familie hebt ihre Tassen mit SB darauf und prostet sich mit Kaffee zu. Ich liebe meine Schwiegerfamilie, aber ich fühle mich nur wohl, wenn ich mich mit kranken Menschen in Disharmonie befinde. In der Welt des Missverständnisses kenne ich mich aus, ich registriere Konflikte, wie andere Menschen ein- und ausatmen. Ganz automatisch analysiere ich einen Tonfall, bemerke die Schärfe am Rand einer Stimme. Ein gekränktes Gefühl, einen beleidigten Zug im Mundwinkel, angespannte Kiefer, hochgezogene Augenbrauen. Ich kann vermitteln wie niemand sonst und Zwistigkeiten mit subtilen Methoden beilegen, eigentlich müsste ich einen Beruf daraus machen. Mein großer Kummer besteht darin, dass normale Familien keine Verwendung für meine Dienste haben. Ich lächele und suche nach Gefahrensignalen, bin stets auf dem Sprung, bereit, sie vor etwas zu bewahren, das nie eintreten wird. Scheidungen sind böhmische Dörfer, die Gutmütigkeit geht ihren Gang in ordentlich aufgebauten Sitzgruppen. Weihnachten reisen wir heim zum Hofe unserer Herkunft, die Schwiegertöchter stechen Kerngehäuse aus und bereiten Bauchfleisch mit Äpfeln zu. Wir arrangieren Käseplatten mit roter und gelber Paprika und falten mit fröhlichen Weihnachtsmännern bedruckte Servietten. Ich reiße mich zusammen und füge mich ein, so gut es geht. Du schaffst das, flüstere ich mir selber zu, du bist unerschütterlich und weiß wie eine Statue, du bist ein goldgerahmtes Gemälde im Speisezimmer deiner Großmutter, du bist Hirsch und Waldsee, bist auf den Wellen schaukelnde Enten. Du bist Ikea, panisches Zoom auf Blütenblätter, Tautropfen im Sonnenschein, millionenfach reproduziert. Du bist so neutral, dass du in sämtlichen Hotelzimmern der Welt hängst, du bist das letzte, was die Leute sehen, wenn sie sich in die Badewanne sinken lassen und sich die Pulsadern aufschneiden, du passt in jedes Heim. Lieber David. Das ist mein kleiner Merkspruch, vielleicht kann er deinem Mann helfen. Sei barmherzig. Nicht allen Menschen fällt Harmonie von Natur aus leicht.

Herzlichen Gruß, der Kummerkasten

Steinbock

22. Dezember – 20. Januar

Ein fettes, griechisches Baby spannt den Bogen, während die Zeit die Schläge des Herzens zählt. Ein ganzes Leben fühlt sich an wie fünf Minuten, aber bleib doch noch bitte ein bisschen. Die Worte sammeln sich langsam, und du vergießt deiner Tränen Erzählung. Es ist nicht schlimm, ein Sturkopf zu sein, denk dran, der Pfad der Liebe ist mit guten Absichten und Tausenden Fingerabdrücken gepflastert.

Lieber Kummerkasten,

ich bin jetzt in der 12. Klasse und habe meine erste richtige Beziehung. Wir sind sehr glücklich miteinander, aber meine Freundin weint so viel. Ich will sie trösten, manchmal hilft das auch, aber nicht immer. Sie weint bei jedem Anlass, nicht nur wenn wir gestritten haben oder verschiedener Meinung sind. Ich habe erst zweimal in ihrer Gegenwart geweint, davor habe ich den Tränen nie freien Lauf gelassen. Stimmt es, dass es gesund ist zu weinen, und glaubst du, es wird irgendwann besser?

Viele Grüße, ein Floß auf dem Tränenkanal

Liebes Floß,

angesichts eures Alters glaube ich, du brauchst dir keine Sorgen zu machen. Mein erster Schatz hatte große mandelbraune Augen. Sie waren nicht nur so tief wie Waldseen, in ihnen schossen auch kleine Fischschwärme so schnell hin und her wie silberne Pfeile, es gab dort wehende Wasserpflanzen und Hechte, die ihrer Beute auflauerten. Der Sommerregen tröpfelte, in jenen Jahren wuchs das Drama in uns immer größer heran, eine neue, wundersame Welt voller Katastrophen brach hervor. Die

Tränen flossen reichlich, wurden zu Pfützen, in denen wir herumstapften, zu einer Meeresbucht im Sonnenaufgang. Sobald sich auch nur die geringste Distanz zwischen uns auftat, schluchzten wir los, dabei zeigte sich daran wahrscheinlich nichts anderes, als dass wir trotz aller verzweifelten Versuche immer noch zwei verschiedene Menschen waren. Ich glaube, in diesen drei Jahren, die ich mit Nanna zusammen war, habe ich mehr geweint als im ganzen noch bevorstehenden Rest meines Lebens. Noch jahrelang weinten wir weiter, wenn wir uns in einem Café oder bei gemeinsamen Freunden trafen. Wie geht es dir, fragte sie, und schon ging es bei mir los. Und dir, fragte ich, und die Tränen kullerten ihr über die Wangen. Sie sprach ohne jedes Hindernis direkt zu meinem sechzehnjährigen Herzen, das ihr ohne Zögern in derselben Sprache antwortete. Seit wir Kinder haben, weinen wir nicht mehr, und wir sprechen nur noch miteinander, wenn Nanna auf dem Heimweg von der Arbeit im Auto sitzt. Bis bald dann, sagt sie, ich bin jetzt zu Hause. Liebes Floß. Mit dem Alter weint man weniger, aber das ist nicht nur gut so. Eines Tages werdet ihr eure Tränen vermissen.

Herzlichen Gruß, der Kummerkasten

Lieber Kummerkasten,

ich habe als Angestellte gearbeitet und bin letztes Jahr in Rente gegangen. Jetzt habe ich viel mehr Zeit zum Leben als früher. Oft verwende ich sie dafür, alle Nachbarn in unser Sommerhaus einzuladen. Ich koche was Leckeres und schmücke Haus und Garten mit Blumen und Laternen. Ich denke schon, dass die Leute sich wohlfühlen, aber sie erwidern meine Einladung nur selten. Jetzt bin ich wirklich unsicher, ob ich die Reaktionen der Nachbarschaft vielleicht falsch deute, ob die anderen mich womöglich als Sonderling betrachten, der einen Wink mit dem Zaunpfahl nicht versteht. Soll ich den Grillabend, auf den ich mich so freue, absagen oder einfach unverdrossen weitermachen?

Mit besten Grüßen, Regitze

Liebe Regitze,

lass mich den Schleier von diesem Rätsel lüften. Du bist ein großzügiger Mensch voller Energie, und darum verstehst du nicht, wie wir Normalsterblichen funktionieren. Vor ein paar Jahren beschlossen mein Freund und ich, ein Herbstfest steigen zu lassen. Natürlich war diese Idee bei einem anderen Fest entstanden, wir hatten jede Menge Bier intus, es war eine von den hellen Mittsommernächten, die Welt wirkte grenzenlos weit und offen. Na klar, wir machen ein Fest, riefen wir einander zu und luden sofort sämtliche Bekannten ein. Dann kam die Dunkelheit geschlichen. Kaum meldet sich eine praktische Frage, geben mein Freund und ich geräuschlos auf, sobald wir uns etwas Konkretes vornehmen, erstirbt etwas in uns. Seit wir zusammen sind, sind wir schon etliche Male umgezogen, was jedes Mal ungefähr so abläuft: Wir reden monatelang darüber. Streiten uns ein bisschen, vertragen uns wieder, sind beide ganz der Meinung, dass es der Stress sein muss. Wir legen uns in Löffelstellung ins Bett und streicheln einander den Kopf, während unsere Eltern kommen, unsere Bücher in Kartons und unsere Sachen in Tüten packen und dafür sorgen, dass wir was in den Magen kriegen. Danke, flüstern wir und ringen uns dazu durch, die Webseite des Bürgerservices anzuklicken, um die Adressänderung zu melden. Wenn unsere Familien die Umzugskisten in unser neues Zuhause gebracht, Lampen aufgehängt und Wände gestrichen haben, sind mein Freund und ich vollkommen erledigt und nehmen uns fest vor, nie wieder umzuziehen. Unser Freund Mathias hat uns angeboten, wir könnten ja das Fest bei ihm veranstalten, aber nein, wir waren störrisch. Ausgeschlossen, sagte mein Freund, und ich schüttelte den Kopf. In der Woche direkt vor dem Fest lag unsere ganze Wohnung voller Papierschnipsel. Auf denen standen Bier, Chips, Dips. Dann kamen Zettel mit Fragezeichen hinter den Wörtern. Barbecue. Urlaub. Dill. Wir machten Einkaufslisten und Merklisten und Gästelisten, warfen sie weg und schrieben neue, fügten hinzu und strichen weg. Dann kamen hoffnungsvolle Fantasien von Absage und plötzlicher Krankheit auf und wurden ein Teil unseres Alltags. Ich sagte zum Beispiel, vielleicht kriegen wir am Abend davor ja eine Lebensmittelvergiftung. Möglicherweise muss das Haus ja sowieso wegen verrotteter Rohre renoviert werden, sagte mein Freund. Wir wollten so gern einen Schleichweg zum Tag nach dem Fest finden, es einfach überspringen. Am Ende retteten uns die Muslime. Von unserer Wohnung hatten wir einen Blick auf eine Moschee, und dieser Umstand inspirierte uns dazu nachzusehen, ob möglicherweise der Ramadan mit unserem Fest zusammenfiel. Mit ein wenig gutem Willen konnte es durchaus so aussehen, als würden die Daten sich überschneiden, und so schrieben wir unseren Freunden eine bedauernde Mail des Inhalts, wir wollten einen religiösen Feiertag nicht mit einem sinnlosen Besäufnis verhöhnen. Es wäre ein recht unpassendes Signal an unsere Wohnumgebung, wenn die Fastenden zu unfreiwilligen Zeugen unserer Ausschweifungen werden müssten. Unsere wunderbaren, progressiv gesonnenen Freunde waren voller Verständnis, manche bewunderten uns sogar für unsere Solidarität. Liebe Regitze. Eine Fete, die du selbst schnell mal eben mit links arrangierst, kann andere Leute schier um den Verstand bringen. Praktisch veranlagt zu sein, ist eine große Gabe, die darfst du niemals gering schätzen. Hoch mit den Laternen, raus mit dem Grill, und lass die Pfingstsonne tanzen.

Herzlichen Gruß, der Kummerkasten

Lieber Kummerkasten,

ich bin eine Frau von siebenundsechzig Jahren, und ich finde das Älterwerden merkwürdig. Ich persönlich glaube nicht, dass meine Gedanken und Meinungen sich geändert haben, aber ich spüre, dass die Gesellschaft und meine Angehörigen mich anders behandeln. Seit ich pensioniert bin, ist es schwieriger, bei sozialen Anlässen mit den Leuten zu reden. Ich habe vier liebe Enkel, aber ich kann ja nicht die ganze Zeit nur über die reden, sonst bestätige ich nur wieder das Vorurteil, ich befände

mich im Großmutteralter. Ich wundere mich, dass viele
Männer gern meine Oberarme berühren oder festhalten
wollen. Was glaubst du, woran liegt das?

Herzlichen Gruß, eine jugendliche Ältere

Liebe jugendliche Ältere,

als zum ersten Mal ein Mann zu mir sagte, ich hätte
mich ja gut gehalten, war ich sechsundzwanzig.
Wenn ich mein Alter heute zufällig erwähne, versichert man mir in aller Regel, man sehe es mir gar
nicht an, was übrigens eine Lüge ist. Ich habe immer
älter ausgesehen, deutlich. Als Kind war ich darauf stolz, als Teenager war es praktisch, jetzt ist es
mir egal. Allerdings provoziert es mich grenzenlos,
wenn mir der Wunsch unterstellt wird, jünger auszu-
sehen. Ich bin doch nicht etwas Essbares mit einem
Mindesthaltbarkeitsdatum, das jederzeit ablaufen
kann. Das Frausein ist schon seltsam. In der Puber-
tät wird uns eine Macht verliehen, die wir kaum
begreifen, wenn wir unsere knospenden Brüste betrachten. Etwas verwirrt tapsen wir ihnen hinterher
durch die Welt, hauen Leuten auf die Finger, die
sie anfassen wollen, irgendwann werden wir dessen müde und denken: Ach Gott, was soll's. Für eine

Reihe von Jahren sind wir das Ziel des gesellschaftlichen Begehrens. Wir sind unbeschriebene Blätter, das Gegenteil des Todes. Wie alle anderen verwechseln wir Jugend mit Ewigkeit, bis wir irgendwann verblüfft feststellen, dass sie nur eine Leihgabe war. Am Ende gibt es niemanden mehr, dem wir auf die Finger hauen könnten, höchstens ein paar hungrige Kinder, und der Blick der Gesellschaft auf uns ist jetzt bestenfalls sentimental. Von den

Brüsten wandert er zum Bauch und kriecht in den Kinderwagen, um dann lächelnd für den Beitrag zum Erhalt der menschlichen Gattung zu danken. Für eine kurze Zeitspanne werden wir behutsam behandelt, als Stellvertreterinnen von Mutter Erde. Liebe jugendliche Ältere. Männer wissen am besten, wie sie sich zum weiblichen Körper verhalten sollen, wenn etwas in ihn reingesteckt werden oder aus ihm rauskommen soll. Ansonsten wird es kritisch. Ratlosigkeit allenthalben. In reiner, ungetrübter Verwirrung und voller Mangel an Fantasie klammern sie sich jetzt an deine Oberarme. Herrgott noch mal!

Herzlichen Gruß, der Kummerkasten

Stine Pilgaard
Meine Mutter sagt

Roman

Stine Pilgaard
Meine Mutter sagt
Roman
Aus dem Dänischen von Hinrich Schmidt-Henkel
192 Seiten
Gebunden mit Schutzumschlag
ISBN 978-3-98568-031-3
Auch als E-Book und Audiobuch erhältlich

Nachdem die Ich-Erzählerin von ihrer langjährigen Freundin verlassen wird, muss sie zurück zu ihrem Vater ziehen, einem Pfarrer und Pink-Floyd-Fan. Während sie auf ebenso komische wie verzweifelte Art versucht, ihre Ex zurückzugewinnen, wird sie von Freunden und Familie mit Ratschlägen traktiert. Vor allem ihre Mutter bedrängt sie mit zweifelhaften Lebensweisheiten. Doch allmählich lernt sie, zu trauern, ihre inneren Widersprüche zu akzeptieren, laut, betrunken und auf ihre eigene Art weise zu sein.

Das sprühende Debüt der erfolgreichsten dänischen Schriftstellerin unserer Tage. Witzig und warm schreibt Pilgaard über Liebe, Familie und das Alleinsein. Und darüber, wie wir uns doch mit Worten umsorgen.

»Ein wunderbares Buch, ein hinreißendes Buch.
Richtig großes Sprachtheater.«
Meike Feßmann, DLF KULTUR

»Pilgaards Stimme ist absolut unverwechselbar:
komisch, klug, anrührend, dreckig und
immer etwas verloren – Pilgaard hat einen
ganz eigenen Blick auf die Welt.«
BRIGITTE

kanon verlag

Stine Pilgaard
Lieder aller Lebenslagen

Roman

Stine Pilgaard
Lieder aller Lebenslagen
Roman
Aus dem Dänischen von Hannes Langendörfer
208 Seiten
Gebunden mit Schutzumschlag
ISBN 978-3-98568-088-7
Auch als E-Book erhältlich

Aarhus, heute: Ein Paar Ende Zwanzig kann sein Glück schier nicht fassen: Endlich die erste »richtige« Wohnung nach den Studentenzimmern der Uni-Zeit. Doch das Leben in einem Genossenschaftshaus mit vier Generationen unter einem Dach entwickelt rasch seine ganz eigene Dynamik. Als sich herumspricht, dass die Ich-Erzählerin ein Talent zum Dichten von Gelegenheitsliedern hat, die in Dänemark bei allen möglichen Feiern und Anlässen ein Muss sind, stehen die Nachbarn Schlange. Sie erzählen der Neu-zugezogenen ihre (Liebes)Leben. Mit ihren Liedern schenkt sie den Hausbewohnern den feinen, roten Faden, der ihren Leben und Schicksalsschlägen den ersehnten Sinn verleiht. – Ein zauberhafter Roman, der das menschliche Miteinander besingt.

»Stine Pilgaard huldigt dem Alltag
und feiert die kleinen Dinge.«
NEUE ZÜRCHER ZEITUNG

»Ein schönes Buch, gut geeignet für Krisenzeiten.«
Katja Weise, NDR

kanon verlag

Die hier versammelten Texte entstammen den 2023 im Kanon Verlag erschienenen Büchern »Meter pro Sekunde« und »Lieder aller Lebenslagen«.

ISBN 978-3-98568-134-1

1. Auflage 2024
© Kanon Verlag Berlin GmbH, 2023 und 2024
Umschlaggestaltung: Juliane Pieper / julianepieper.com
Illustrationen: © Juliane Pieper
Herstellung: Daniel Klotz / Die Lettertypen
Reihengestaltung und Satz: Ingo Neumann / boldfish.de
Druck und Bindung: Pustet, Regensburg
Printed in Germany

www.kanon-verlag.de